Ilustraciones: Nieves Vaquero Cabezas asistida por IA.

Nº de Registro en el Registro de la Propiedad Intelectual: O00019981e25P0015720
Nº de Expediente: 00765-02506612

I.S.B.N.: 978-84-7729-434-4
D.L. CR 796-2025

3ª Edición Agosto 2025 - Impreso en España

Perea
Ediciones

"Y DE PRONTO... SOLO QUEDABAN RECUERDOS"

*"La infancia nunca se despide,
solo se esconde en los rincones de la memoria.
A veces, basta con cerrar los ojos para volver a ella..."*

*"Para quienes alguna vez fueron niños.
Para quienes al mirar atrás encuentran no solo lo que perdieron,
sino todo lo que sigue vivo en ellos."*

Nieves Vaquero Cabezas

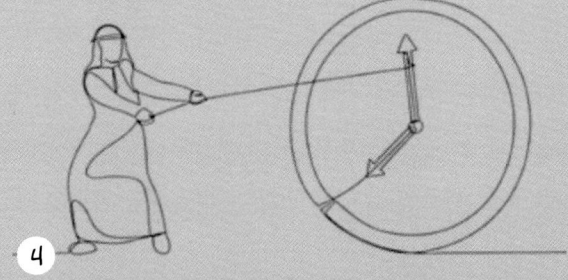

4

Hay momentos que no anuncian su partida. No piden permiso, no avisan. Un día, simplemente, **dejan de estar.**

No hay un último beso de buenos días que marque la diferencia. Ni una última vez en la que tu madre te acomoda la sábana y te dice que duermas bien. Nadie te avisa de que esa será la última tarde en la que jugarás con tu hermana sin que el tiempo importe.

Solo ocurre.
Y cuando te das cuenta, **ya es recuerdo.**

Un beso que ya no se reclama. Una mano que dejó de buscar otra más grande al cruzar la calle. Un desayuno que ya no espera servido en la mesa.

El eco de un "¡Ya voy!" cuando suena el timbre. Esa emoción infantil de salir corriendo, de querer ser el primero en abrir la puerta, en descubrir quién está al otro lado. "¡Voy yo, voy yo!", repetías con ilusión... El verano que parecía eterno. La seguridad de que **el mundo giraba sin urgencias, sin despedidas...**

Durante años, Luna vivió en una rutina que le parecía infinita. Cada día se repetía con la misma **ternura**, con los mismos **detalles** que nunca cuestionó. ¿Por qué habría de hacerlo? Aquello era **su vida, su normalidad, su casa.**

Nunca pensó que algún día todo aquello **podría desaparecer**.

CAPÍTULO 1: LAS MAÑANAS TENÍAN MÚSICA

Cada mañana, su madre **Yolanda** se encargaba de despertar a Luna y a su hermana **Sara** con sus propias melodías infantiles para ir al colegio.

Luna se removía entre las sábanas, fingiendo que seguía dormida, pero su madre no se rendía. Tiraba de la manta, le hacía cosquillas, hasta que al final Luna abría los ojos y encontraba su ropa preparada sobre la cama.

Nunca se detuvo a imaginar un futuro en el que despertaría en otra cama, en otro lugar, sin el peso ligero de la ropa cayendo sobre ella, sin la presencia de su madre asegurándose de que todo estuviera listo **antes incluso de que ella fuera consciente de estar despierta.**

El desayuno la esperaba en la mesa, **con un beso de buenos días.** Y una sonrisa, **siempre una sonrisa.**

Los días de frío, **Yolanda** se encargaba de que no quedara ni un solo rincón de su cuerpo desprotegido. La **bufanda** bien ajustada, el **abrigo** cerrado hasta arriba, los **guantes** puestos antes de salir de casa. Las orejas bien tapaditas, asegurándose de que no entrara ni un soplo de aire helado en su cuerpo. A veces Luna protestaba, decía que no tenía tanto frío, pero su madre insistía. Más tarde comprendió que aquel gesto no solo protegía su garganta, **sino que era una de esas formas silenciosas de decir "te quiero".**

Cada mañana, el camino al colegio tenía algo especial, **era su momento con su madre.** Iban de la mano… Si se resbalaba en los días de lluvia, cuando el suelo se volvía traicionero con las hojas mojadas, su madre la sujetaba al instante, tirando de su brazo con fuerza para que no cayera. **Luna confiaba tanto en esa mano que ni siquiera temía tropezar.**

Y sin falta, cada mañana, durante el trayecto, hacían la oración de la mañana. Daban gracias por el sol, por la lluvia, lo que habían vivido el día anterior y lo que estaba por venir. **Era un amor tan natural, tan incondicional, que Luna nunca imaginó que un día tendría que caminar sola.**

Y al salir del colegio, **allí estaba ella.**
Esperando. **Siempre esperando.**
Dispuesta a escucharle con la misma emoción
que el primer día.

Luna salía corriendo a su encuentro, con los zapatos llenos de
arena del patio, **con la cabeza llena de historias por contar.**

—¿Qué tal hoy, cariño? ¿Qué habéis hecho? —preguntaba
con ojos brillantes.
"La profe me ha felicitado porque he contestado bien a su
pregunta."

Era como si cada cosa, por pequeña que fuera, **tuviera una
importancia gigante cuando la compartías con alguien
que te esperaba con tanto amor.**

Qué fácil era la vida cuando sabías que alguien te esperaba.

CAPÍTULO 2: LAS TARDES CON LA ABUELA

Cada tarde, su **abuela Sagrario** llegaba puntual, con su bolso lleno de **hilos y agujas**. Siempre había algo que coser: un pantalón, una cremallera, un disfraz del colegio. Luna le entregaba la prenda con la confianza de que al día siguiente estaría arreglada, sin falta. Pero lo mejor no era eso.

—¡Abuela, cuéntanos otra vez la historia de...!

Y su abuela, encantada, comenzaba a narrar mientras cosía. Le contaba anécdotas de la gente con la que se cruzaba en sus paseos, historias de su juventud, relatos que para Luna eran casi cuentos. **Le fascinaba cómo su abuela convertía lo cotidiano en algo especial.**

Cuando llegaba la hora de marcharse, siempre decía la misma frase:

—La que suscribe... — todos sabían que eso significaba que era su hora de irse.

CAPÍTULO 3: UN MUNDO DE DOS

En los fines de semana, las mañanas también estaban llenas de **juegos y diversión.**

Luna compartía habitación con su hermana, Sara.
La suya era la cama de abajo; Sara dormía en la de arriba. Aquella habitación era un **universo en el que las normas del mundo real no existían.**
Había mañanas en las que, en vez de levantarse corriendo, se quedaban **intercambiando pegatinas en su álbum.** Otras, inventaban coreografías que ensayaban como si fueran bailarinas profesionales.

Jugaban a juegos de mesa sin preocuparse del tiempo, y contaban historias increíbles con muñecos que cobraban vida en sus manos.
En la cocina, hacían albóndigas con su madre, sintiéndose parte de algo especial...

15

CAPÍTULO 4: CELEBRACIONES EN FAMILIA

Pero lo mejor eran las tardes de fútbol con su padre Pedro…
en las que cada partido era una **ceremonia.**
Cuando por fin llegaba la hora del partido, las dos hermanas se
reunían con su padre en el salón. Preparaban la mesa con esmero:
los bols llenos de kikos y chuches, las bebidas frías y siempre alguna
de las cosas que más les gustaban… **montando un pequeño festín.**

Aunque, en realidad, Luna y Sara no tenían mucha idea de fútbol.
Se pasaban la mayor parte del partido haciendo preguntas,
intentando entender lo que ocurría en el campo. ¿Por qué ese gol no
valía? ¿Qué significaba el fuera de juego? ¿Por qué el árbitro pitaba
si apenas le habían tocado? Su padre, paciente, respondía a todas sus
preguntas, explicándoles cada jugada **con la misma pasión
con la que vivía el partido.**

Pero lo mejor llegaba con los goles. Cada vez que su equipo marcaba,
era **una explosión de alegría.**

Su padre las cogía a ella y a Sara, una en cada brazo,
y las levantaba como si fueran trofeos, corriendo con ellas por todo
el salón, gritando de felicidad, riendo hasta quedarse sin aire.

Eran momentos sagrados. Momentos que parecían eternos…

CAPÍTULO 5: LAS NOCHES TENÍAN MAGIA

Después del baño, Pedro le secaba el pelo con el secador mientras le cantaba canciones que inventaba sobre la marcha. **Historias en forma de melodía, letras que solo existían en ese instante.**
No había otra copia, otro momento igual. Eran suyas, únicas.

Al final de cada día, cuando la luz se apagaba, Luna no estaba sola. Su padre, siempre estaba allí. Después de un largo día de colegio, risas y juegos, **Luna aún necesitaba
la compañía de su padre para quedarse dormida.**

—Cuéntame una historia de cuando eras pequeño, papá.

Y su padre, con la voz tranquila**, le hablaba de su infancia.**
De sus hermanos, de las travesuras, de un tiempo que a Luna le parecía tan lejano como si perteneciera a otro mundo.

Entonces, cuando Luna cerraba los ojos, **sentía que todo estaba bien. Que todo estaría bien, siempre.**

No sabía que "siempre" era una palabra frágil...

CAPÍTULO 6: INSTANTES GUARDADOS

En la infancia de Luna había algo que siempre estuvo presente, una constante que se repetía en multitud de ocasiones: **su madre detrás de la cámara.**

Yolanda siempre estaba ahí, sosteniendo la cámara de video. No solo grababa, sino que contaba la historia. Narraba cada momento con su voz, como si supiera que, algún día, **esas imágenes serían más que recuerdos: serían la única forma de volver atrás.**

No era solo una madre con una videocámara; **era una madre deteniendo el tiempo, atrapando la infancia en imágenes.** No quería perderse nada, no quería que nada se perdiera. Por eso grababa cada **beso,** cada **abrazo,** cada **"te quiero"** dicho con la naturalidad de quien aún no sabe que, un día, **esos gestos serán tesoros.**

Ahora, cuando Luna ve esos vídeos, **todo vuelve.** El sonido de su casa en las tardes de juegos en familia, la sensación de unos brazos envolviéndola después del baño... volviendo también la nostalgia.

CAPÍTULO 7: Y LLEGÓ LA ADOLESCENCIA...

Luna no supo en qué momento exacto dejó de ser una niña.
La infancia no se despide, no avisa. Simplemente un día
te das cuenta de que ya no eres la misma.

Poco a poco, empezó a soltarse. No fue un rechazo, ni una decisión
consciente. Fue ese impulso inevitable de **crecer**,
de demostrar que podía hacer las cosas sola. Empezó a vestirse sin
esperar que la ropa estuviera preparada en la cama. A desayunar sin
la necesidad de que alguien se lo pusiera delante. A ir **sola** al colegio.
Al principio, aquello le hizo sentirse mayor. Pero con el tiempo,
entendió que **aquellos paseos de la mano de su madre
eran un tesoro que nunca volvería.**

Su madre dejó de preguntarle cómo le había ido el día con la misma
insistencia de antes, no porque ya no le importara, sino porque Luna
dejó de contarlo con la misma emoción. Ya no la esperaba en la
puerta del colegio, no porque hubiera dejado de querer **verla sonreír,**
sino porque Luna ahora salía con sus amigas, caminando entre risas
y conversaciones sobre cosas que parecían importantes.

Su padre dejó de acostarse a su lado por las noches, no porque ya no
quisiera hacerlo, sino porque Luna **dejó de llamarlo.**

Y poco a poco, sin que nadie lo notara, aquellas rutinas,
que tanto le hacían feliz, **fueron desapareciendo.**

Ya no había manos que la sostuvieran cuando resbalaba, ni bufandas
que alguien ajustara por ella. **Aprendió a abrigarse sola.**
Aprendió a caminar sin miedo a caerse.

Su abuela dejó de venir todas las tardes.

Las historias se volvieron menos frecuentes.

Las tardes de juegos se convirtieron en recuerdos.

Sara creció.

Los bailes y las pegatinas quedaron en el pasado. Luna aún le pedía
jugar, pero su hermana ya tenía otras cosas en la cabeza.

Las canciones después del baño desaparecieron.

Todo cambió de forma tan sutil que Luna solo lo notó
cuando ya era demasiado tarde.

25

Y ahora entiende que, todo lo que su familia hizo, cada gesto, cada esfuerzo, cada historia, cada juego, **fue por ella. Para hacerle sentir que el mundo era un lugar seguro, sin preocupaciones.**

Ahora, cuando mira atrás, ve con claridad lo que antes no podía comprender. El amor que parecía tan natural era, en realidad, **un regalo.**

Y aunque la vida siga cambiando, aunque ya no haya cuentos antes de dormir ni mañanas de Reyes corriendo descalza por el pasillo, Luna sabe que esos momentos fueron tan **reales**, que jamás podrán irse del todo.

Porque la infancia **no desaparece**, solo se esconde en los rincones de la memoria, en los gestos que sin darse cuenta repite, en la forma en que su madre todavía le pregunta qué tal el día, aunque ya no reciba la respuesta con la misma emoción de antes. **Sus padres siguen ahí, esperando, como siempre lo hicieron.**

La infancia se fue.
Pero la **certeza de haber sido amada permanece.**

CAPITULO 8: EL HUECO QUE DEJAMOS

La infancia no solo se va de quien la vive. También se va de quienes la hicieron posible. **Y ellos también la extrañan.**

Porque un día los hijos dejan de pedir besos,
dejan de llamar por las noches,
dejan de buscar una mano que les cruce la calle.

Y los padres, aunque entienden que así debe ser,
se quedan esperando, en el mismo sitio de siempre,
por si algún día sus hijos vuelven a buscarlos.

Pero a veces, sin darse cuenta,
la vida les va dejando pequeñas despedidas.

Cuando aún había dos niñas que corrían descalzas a abrir los regalos, cuando no tenían que esforzarse por mantenerse unidos porque todo pasaba sin que nadie lo planeara.

CAPÍTULO 9: LA VUELTA A CASA

Ahora Luna vive fuera.
Y cuando regresa, todo vuelve.

Desde que entra en la calle de siempre, la que conoce con los ojos cerrados, **donde cada esquina es un trozo de su infancia.** El portal sigue oliendo igual. No sabría describir ese olor, pero lo siente en el pecho, en la piel, **en los ojos que se le humedecen sin querer.**

Es como si no hubiera pasado nada.
Como si nunca se hubiera ido.

Su madre la mira y le sonríe, pero en los ojos lleva un brillo que Luna sabe que es **emoción contenida.**

Su padre, que no es de muchas palabras,
la abraza más fuerte de lo normal.

Y Sara, aunque no lo dice, aunque ahora ya no se pasan horas enteras juntas, también la mira diferente,
también la echa de menos.

Pero es el silencio lo que le hace reflexionar.

Ahora hay pausas. Ahora hay espacio.

Pero en cuanto se sienta en el sofá, **en ese sofá que ha sido testigo de tantas cosas, de tantas vidas, los recuerdos la arrastran.**

Ese mismo sofá donde veía el **fútbol con su padre,**

donde escuchaba las **historias de su abuela,**

donde veía **películas Disney con Sara sin descanso...**

Y es entonces cuando Luna entiende que **todo ha cambiado.**

Que el tiempo ha seguido su curso sin preguntar.

Pero también entiende algo más...

CAPÍTULO 10: ESTAMOS A TIEMPO

Entiende que **todavía está a tiempo.**

Porque su abuela ya no va a casa todas las tardes, **pero ella puede ir a verla.** Puede cogerle la mano y pedirle que le cuente todas sus historias, aunque ya se las sepa de memoria. Porque lo importante nunca fueron las historias. **Era ella. Era su voz. Era cómo lo contaba.**

Porque ahora vive fuera, **pero aún puede volver a casa.** Puede sentarse en la mesa con su madre y contarle su día. Puede abrazar a su padre sin motivo. Puede decirles que los quiere, no cuando sea tarde, sino ahora, **cuando todavía están.**

Porque su hermana ya no juega con ella, pero aún puede mirarla y recordarle lo que fueron.

Porque sus padres, aunque no lo digan, **siguen esperando.** Porque sí, el tiempo se escapa. **Pero hoy, todavía no.**

MORALEJA

Hoy, cuando piensa en todo lo que vivió, se da cuenta de algo que
le hubiera sido casi imposible comprender de niña:
la verdadera independencia no está en alejarse de lo que nos
rodea, **sino en saber valorar lo que ya no está.**
No es solo crecer y aprender a caminar sola,
es entender que **las huellas que dejamos atrás nos han formado.**

Si pudiera volver a esos días, Luna ahora no tendría tanta prisa
en crecer. Se quedaría un poco más en los brazos de su madre,
un poco más en las tardes de juegos con la tía Nieves y la abuela
Sagrario. Se tomaría más tiempo para escuchar las historias de
su padre, porque ahora entiende que en cada una de ellas había
un pedazo de amor que era suyo,
un pedazo de tiempo que ya no volvería.

Quizás, con el tiempo, Luna ha aprendido a ser independiente,
pero más que nada ha aprendido a agradecer y, sobre todo,
a mirar la vida con el corazón y no solo con los ojos...

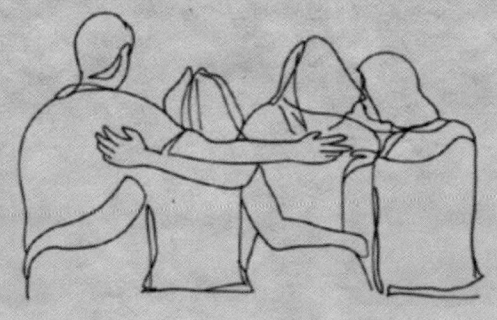

Dedicado a mis padres, a mi hermana, a mi abuela,
y a todos aquellos
que han sido protagonistas de la historia de mi vida,
por llenar mi infancia de amor
y hacer de cada capítulo un recuerdo inolvidable.